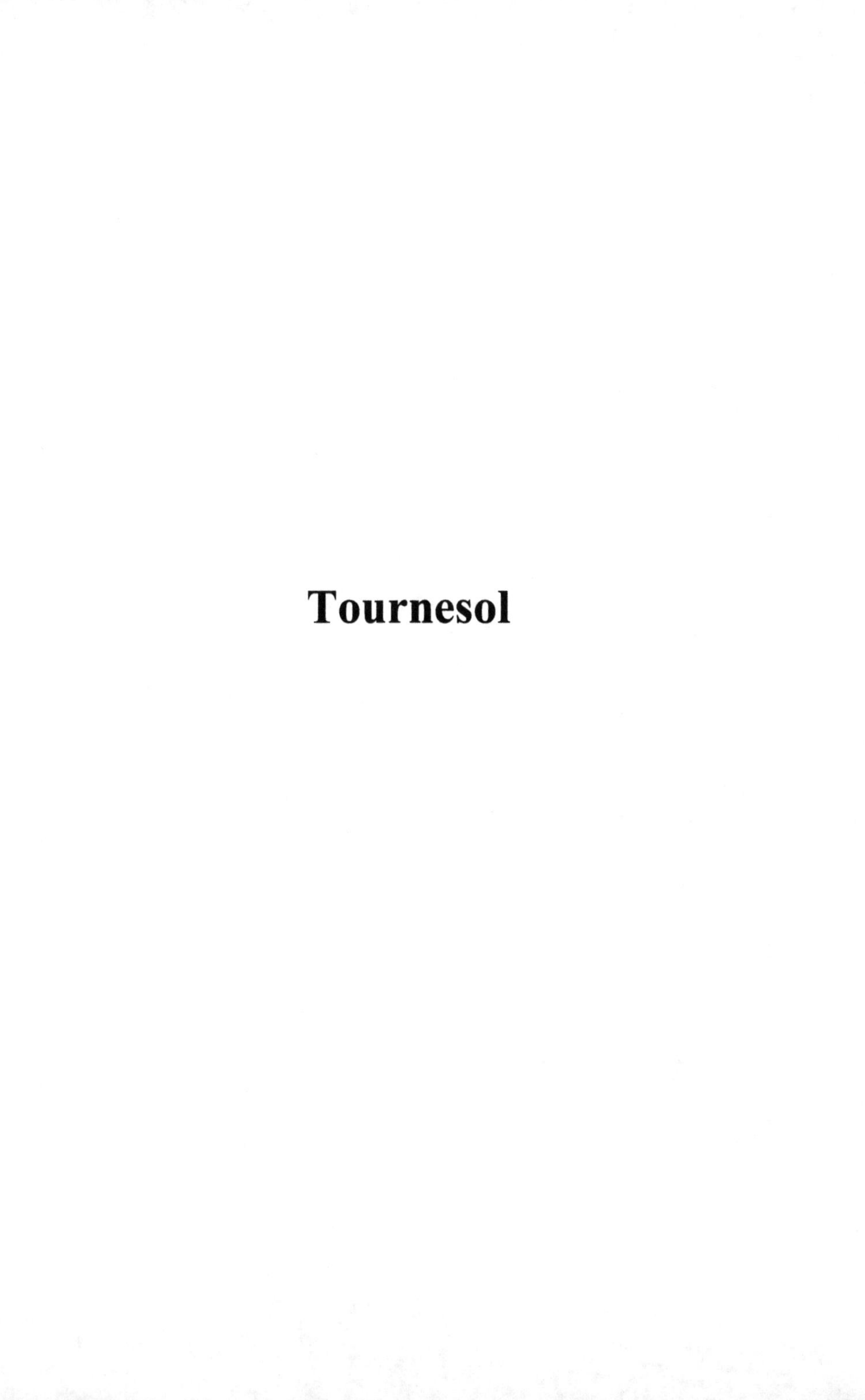

Tournesol

Tendresse Egot

Tournesol

Recueil

LE LYS BLEU
ÉDITIONS

ISBN : 979-10-422-0279-8

L'art est la concrétisation de notre imagination.

I
Jour et nuit

Nocturne

La lune l'accompagnant
Dans ce silence rassurant
Sans vouloir s'arrêter
Se laissant bercer

Aucune destination précise
Pas à pas et à sa guise
Guidée par la nuit
Et l'envoûtante brise

Seules les étoiles
Perpétuelles
Formant un voile
Éclairent le ciel

Et à présent
Une tranquillité
Un calme apaisant
Viennent l'enlacer.

Le crépuscule tombe silencieusement
Sur cette atmosphère orangée
Tandis que la vie s'endort lentement
Laissant place à un ciel étoilé.

Y a-t-il plus réconfortant,
Plus apaisant ?
Il est si haut, si chaud
Colorant sa peau

Elle ne se lassera jamais
À ce point émerveillée
Chaque soir, chaque matin
Amoureuse de ce refrain

Lorsqu'il effleure l'horizon
L'éblouissant de ses rayons
Il la fascine à nouveau
Étouffant ses maux.

La frénésie espiègle des étoiles
Enveloppées par la voie lactée
Tissant une douce toile
Étincelante et passionnée.

Face à ce coucher de soleil
À nouveau elle s'émerveille

Observer cette sphère dorée
Est peut-être sa sortie préférée

S'imprégnant de cette chaleur
Qui la remplit de bonheur

Ses flammes brûlant les maux
Qui reviendront sans doute bientôt.

Le ciel calme de la nuit
Parfois parsemé d’étoiles
Captivantes
D’un éclat bienveillant

Un air enivrant
Une douce brise
Accompagnant ce silence
Constant et apaisant

L’obscurité rassurante
Agréable et attrayante
À la fois noire, mais colorée
Sombre, mais lumineuse

Pas à pas elle avance
Vers une destination inconnue
Elle se laisse bercer
Par ce qui l’entoure

La nuit l’enlace et l’emporte
La transporte
Libérant son esprit
Son âme et son cœur.

D'amour et de couchers de soleil
J'affectionne sincèrement
Cet univers de merveilles
Que j'explore impatiemment.

Le temps se fige
S'arrête
L'espace d'un instant

Une légère brise
Anime ses cheveux
Ainsi que la végétation alentour

Les feuilles des arbres
Aux couleurs de l'automne
S'agitent délicatement

Au loin
Les montagnes
Délimitent l'horizon

Et peu à peu
Cet astre doré
Entame sa descente.

Elle tourne silencieusement la poignée
Et ouvre la fenêtre

Elle s'approche
Le visage à l'extérieur
Et inspire en toute hâte

Elle inhale intensément cet air frais
Qui s'immisce dans ses poumons

Soudainement elle s'empreint de sérénité
Une quiétude intérieure

Dehors tout est calme
La ville est ensommeillée

Son cœur sourit.

Un sentiment de plénitude
Un calme constant
Et dans son attitude
Le bonheur de l'instant

Ce doux apaisement
Qu'elle ressent à présent
En cette fin de journée
Et ce début de soirée

Observant juste devant
L'eau et ses délicats mouvements
Le soleil réchauffant
Cet air de printemps

Ces mélodies envoûtantes
À ce point réconfortantes
Accompagnant cette sérénité
Cette sensation de liberté.

Je ne me lasserai jamais
De ces crépuscules orangés
Seule ou accompagnée
Mais toujours émerveillée.

Si l’océan incarne l’affliction
Par cette émotion salée,

Les étoiles représentent l’affection
Par leur lueur passionnée.

À l’aube de leur idylle
Au crépuscule de leur passion

L’amour impossible
Du jour et de la nuit.

II
Le voyage d’une vie

Écoute cette mélodie
Imprègne-toi de toutes ses ondes
Ses vibrations
Chaque son pénètre en toi
Dans chacun de tes organes
Chacune de tes cellules
Tu ne fais qu'un avec cette musique
Respire
Prends une grande inspiration
Ferme les yeux
Et écoute
Écoute ce voyage musical
Cette nostalgie
Que tu ressens
Cette tristesse
Que tu relâches
Et cette douleur
Qui refait surface.

Certaines musiques font voyager
Elles assourdissent les alentours
Procurant cette liberté
Et apaisant les cœurs si lourds

Des mélodies qui transportent
Vers une infime nostalgie
Si vite elles nous emportent
Au cœur d'instants de vie.

Ton bonheur n’attend pas
Il ne sera jamais trop tard
Mais le temps défile

Prends ce risque
Ce putain de risque
Tu en as envie

C’est l’heure
Il est temps d’être heureux.

Qu'est-ce qui t'en empêche ? Pourquoi ne le ferais-tu pas ? Ne reste pas enclavé en pensant que la société te retient prisonnier ; car c'est ce qu'elle veut te faire croire. Mais tu ne l'es pas. Tu es libre, tellement libre. Tu es le seul à décider et à prendre les décisions pour ton avenir, ton futur. Alors, prends des risques. Écoute tes envies. On n'a qu'une vie. Brise la norme, casse les règles. Critiqueront-ils tes actions ? Certainement. Seras-tu épanoui ? À coup sûr. Alors, fais ce voyage, avoue tes sentiments à cette personne, pars, vis, profite, amuse-toi, dis-leur que tu les aimes, quitte tout pour reconstruire ailleurs, puis déconstruis pour reconstruire, dis à cette fille que tu l'admires, montre à ce garçon qu'il te rend heureux. Fais ce qui te plaît, car au fond c'est tout ce qui importe. Le reste est superflu. La vie est bien trop courte pour avoir le temps de se poser des questions. Ne calcule pas, laisse-toi vivre. N'aie aucun regret et sois heureux.

La vie

III
Alcool

Alcool

Son aura attire
Son odeur attise
Le désir devient pressant
Et le goût rassurant

C'est irrésistible
Attrayant à toute heure
Davantage quand la lune est visible
Quand les démons refont surface

Cherchant à les cacher
Ne voulant pas les affronter
Les pensées sombres, noires
Les regrets du passé

Source des vérités et de l'expression du cœur
Des sentiments inavoués
Le refoulé fait son apparition
Paroles et actes deviennent incontrôlables

La fierté disparaît
Le superficiel laisse place au naturel
Qu'il soit beau ou bien laid
Il est vrai et authentique

Procurant chaleur et douleur
Bonheur et malheur
Un réconfort insoupçonné
Bien et mal se confondent

La possession du corps est inévitable
L'âme et l'esprit s'embrasent
Tout se mélange
Le réel devient irréel.

Elle s’est inondée
Comme si l’alcool
Pouvait noyer sa peine.

Lors de cette soirée,
De délicates perles salées
Se sont doucement dérobées
Contre sa volonté

Elle n'avait pas réalisé
Cet intérêt qu'elle lui portait
Elle a dévoilé ses pensées
Mêlées de larmes alcoolisées

Sans pouvoir contrôler cela
Elle s'est éprise progressivement
Sans pouvoir expliquer cela
Elle s'est éprise passionnément

Des mots difficiles à prononcer
Mais elle n'a pas de regret
Repartant le cœur léger
Mais l'esprit lourd de pensées.

La boisson lui donne l'audace
De dire ces mots
Ces mots qu'elle n'a pas le courage
De prononcer

Ces sentiments
Ces mots d'amour
Parfois inavoués.

Ça y est on a vingt ans
Le bel âge, on entend souvent
Se sentant libre de tout
Ils diront que nous sommes fous

L'alcool est de la partie
On boit ce fameux verre de trop
Ou plusieurs, s'il le faut
Pour ressentir cette vie

Entre ensuite dans ce pêle-mêle
S'empreignant de naïveté
Un terrible plaisir charnel
Un désir à combler.

Elle avait cette capacité
À métamorphoser l’alcool
En perles salées.

IV
Peine

Son cœur débordait d'amour
Inévitable était la noyade.

Elle voudrait que cela soit différent
Mais seulement
Elle ne peut s'empêcher
De parfois se méfier

Souhaitant véritablement
Ne point y songer
Mais doucement
Reviennent les tourments passés

Son cœur fragilisé
Demande cette affection
Son âme blessée
Ne requiert que passion.

Tout comme le vent repousse les nuages,
Le temps éloigne la peine.

Jeune enfant on se dit
Qu'en grandissant ça passera
Devenant plus fort et plus mature
On est persuadé que ces peines
Ne seront plus
Que les larmes auront séché

Et puis on grandit

On prend conscience
Que les tourments enfantins
Sont vite remplacés
Par de nouveaux nuages
Car l'être humain est sujet
À tout âge
Au cours de chaque étape de son existence
À de nouvelles intempéries.

C’est une délicate fleur
Qui l’année passée
A quelque peu fanée
D’une terrible chaleur

Le vent l’a doucement brisée
Presque déracinée
Une floraison menacée
Des pétales envolés

Alors le printemps suivant
En devient effrayant
Elle fleurit prudemment
Redoutant les tourments

Le cœur de cette fleur
Est son cœur à elle.

Tu as ouvert les portes du chagrin
Et toi seul
Possède la clef pour les refermer

Mais le temps a modifié le verrou.

Peut-être que finalement
Il s'agit juste de s'habituer
À vivre avec.

La mer est salée
De toutes les larmes versées.

Tu verras
Le temps est magique
Il effacera ta peine.

Au fond elle a peur
Peur de se laisser emporter à nouveau
Mais peu à peu la passion s'immisce
Elle s'imprime dans son être
Difficile de la contrôler
Plus puissante que sa volonté
Elle fait face aux larmes passées
Redoutant les suivantes
Avec cette terreur
Qu'elle ne peut décrire
Se laissant prendre au jeu
Jour après jour
Redoutant cette même souffrance
Ses lourdes perles salées
Elle voudrait ne pas y songer
Mais c'est plus fort que sa raison
Elle appréhende
Se préparant à accueillir ce tourment
Elle souhaite que ce soit différent
Cette fois-ci

Avec lui

Tu as pris possession de mes journées
À présent je redoute que tu voles mes nuits
Que ton image m'apparaisse dans l'obscurité
Dans un rêve que je ne pourrai fuir.

La folie et l'amour
Sont des âmes sœurs.

Mon cœur s'en est allé
Avec toi.

V
Passion

Si l’amour est une folie
J’admets que mes pensées
Ont perdu la raison.

Parler de ses sentiments
N'est pas chose aisée
On avoue difficilement
Nos émotions cachées.

Tu es cette onde électrique
Qui allume mon âme.

Elle doit tout de même avouer
Concernant les sentiments
Qu'elle se montre terrifiée
À l'idée d'un amant

Un cœur qu'elle ne peut offrir
Devenu si craintif
Cette peur de souffrir
Et ces plaies à vif

Elle avance prudemment
Dans cet univers incertain
Profitant d'un présent brûlant
De quêtes sans lendemain

Malgré tout elle est lassée
Songeant à ce garçon parti
Vers d'autres contrées

Est-elle éprise de lui ?

Tout comme les abeilles
Se délectent du pollen

Tes paroles
Nourrissent mon être.

Une telle frénésie
Comment pouvons-nous la décrire ?
Elle arpente les cœurs des plus chanceux
Et s'y cramponne
Tel le miel à sa ruche
Choisissant ses victimes au hasard
Elle s'immisce au plus profond de l'être
Dans chaque infime cellule
Et chaque pensée
En devient plus sucrée.

L'amour

Seulement sais-tu combien l'univers est infini ?
Telle l'immensité de ma passion dévouée
Alors comment pourrais-tu mesurer
Les sentiments qui m'animent avec folie ?

Les conversations sur l'oreiller
À corps découverts
Et cœurs ouverts.

Dans les abîmes de mon corps
Au plus profond de mon cœur

L'extase passionnément
Douces paroles

Entre mes lèvres
Toi

Au bord des lèvres
Sept lettres

Qui ne seront pas prononcées.

Le charisme
Rend la beauté relative.

Ta simple pensée
Génère une affluence de papillons.

Tu accompagnes mes pensées chaque jour
Rythmant les secondes qui s'écoulent
Je ne peux mesurer mon amour
Générant cette intense houle.

Tu es à la fois
Le poison et l'antidote.

Si l'âme est une fleur
L'amour en est la floraison.

Le baiser

Nos lèvres se cherchent
S'effleurent
Puis s'enflamment

Tu apaises mon cœur
Avec ce simple geste
Si intense

Le monde autour de moi
Semble disparaître
Plus rien n'a d'importance
Seulement cet instant
Cette connexion
Entre nos deux corps

Cette connexion
Avec toi.

Un regard si profond
Que je tombe encore.

Tel un feu ardent
Tu attises mon corps.

Un langage sourd
Le toucher
L'art de s'exprimer silencieusement
Inutile de parler quand les mains
Peuvent en dire bien plus
Sans aucun mot

Effleurer
S'effleurer les doigts
Frissonner
En créant cette tension
Et ce lien singulier.

La pluie donne à la terre
Ce que tes mots offrent à mon cœur.

Je pense à toi et mon cœur s'accélère
Je le sens battre dans ma poitrine
Il s'emballe

Comme si tu me touchais physiquement
Mais ce n'est qu'une pensée
Une brûlante ardeur

Tu exerces cette emprise sur moi
En un seul songe
Sans même t'en rendre compte

Passion

VI
Tournesol

Elle n'aurait jamais imaginé
Tous ces changements
Mais l'avoir rencontré
Provoqua des bouleversements

Une envie de parcourir le monde
Qu'elle avait déjà avant
Mais renforcée par ses ondes
Elle est déterminée maintenant

Le voir vivre sa vie pleinement
Profiter de chaque instant
De toujours aller vers l'avant
Était tellement captivant

Sans même le savoir
Il l'avait changé
Elle allait dorénavant tout donner
Pour accomplir ses plus grands espoirs

Un désir de liberté
Qu'il lui a transmis
Des rêves illuminés
Qui seront accomplis.

Ce soir à nouveau elle écoute
Ces notes qui l'envoûtent
Étreignant son esprit
Dans le calme de la nuit

Elle ressent la nécessité
Et l'irrépressible envie
De se laisser bercer
Par toutes ces mélodies

Elle est transportée
À travers cette harmonie
Et cette constante pensée
Perpétuellement lui

Plusieurs mois après
Elle n'a pas avancé
Peut-être que jamais
Elle ne cessera d'y penser.

Ces derniers jours elle a réalisé
Que quelque chose avait changé
Elle commence doucement
À voir les choses différemment

Il fuit ses pensées
Calmement
Avec plus ou moins d'intensité
Mais sûrement

Elle se détache
Et peu importe pourquoi
C'est différent cette fois
Il est temps qu'elle relâche

Et pourtant elle sait
Pertinemment
Que replonger est à sa portée
Indéniablement.

En sa compagnie elle a connu
Ces deux ambivalentes extrémités

L'immense clarté des étoiles
Suivie des profondeurs de l'océan.

Peut-être est-ce terminé
Semblant différent cette fois
Quelque chose s'est déclenché
Dorénavant elle y croit

Après plusieurs mois
Souvent arrosés
Elle ne compte pas
Ses larmes alcoolisées

Bordel ce qu'elle a pu pleurer
Sans pouvoir se contrôler
Honteuse à chaque fois
De dévoiler tout cela

Lui ne le sait pas
Peut-être s'en doute-t-il
La vérité elle étouffa
En essayant d'être subtile

Où en est-elle maintenant ?
Une grande avancée
Elle évolue à présent
Continuant sur cette lancée.

Je cherche en lui
Une partie de toi.

Elle porte ce poids
Lui serrant le cœur
Mais cette fois
Sans aucun pleur

Les larmes ne viennent pas
Et pourtant elle voudrait
Pouvoir évacuer
Extérioriser tout cela

Ces perles salées
La soulageaient
Et lui permettaient
De tout relâcher

Sans savoir pourquoi
Elle n'y arrive pas
Ce temps est révolu
Elle n'y arrive plus.

Ces musiques que l'on a écoutées ensemble
Me remémorent de forts souvenirs
Et de paisibles pensées
Ces bons moments passés avec toi
Des instants refont surface
Je ferme les yeux et je voyage
Les mélodies sont puissantes
Incroyablement intenses
Ces harmonies sont magiques
Je revis ces journées épanouies
Et ces chaudes nuits.

En dépit de ses conquêtes
Qu'elle ne saurait compter
Un seul lui reste en tête
Elle ne peut l'oublier

À chaque homme nouveau
Occupant jours ou nuits
N'étant guère aussi géniaux
Elle repense à lui

Tel un poison
Il hante ses pensées
Ses actes et sa raison
En sont bouleversés

Elle pense sincèrement
Qu'aucun ne pourra
Reprovoquer l'embrasement
Se son cœur, de son aura

Ce doux enchantement
Tellement captivant
Qui dangereusement l'entoure
Est-ce l'amour ?

Tes yeux ont seulement vu
Ce que j'ai souhaité leur montrer.

Est-il vrai que l'on n'oublie jamais vraiment
La première personne qui provoque ce sentiment ?
Cet individu se plaçant au-dessus de tout
Un être fondamentalement spécial pour nous

Pourtant comment décrire cette sensation si forte
Cette si dangereuse emprise qui nous emporte
Accompagnant chaque souffle, chaque seconde, jour et nuit
Tel un doux poison qui peu à peu nous nuit

Après tout l'amour est tellement fascinant
Si attrayant, le rendant presque indécent
Pouvant provoquer un puissant envoûtement
Capable de transformer en rêve le moindre instant

Tout le monde en a sa propre définition
Pour elle, c'est quotidiennement perdre la raison
Quand le songe de cet être aimé raisonne
Lorsque toutes les cellules de son corps frissonnent.

— Pour toi, qu'est-ce que l'amour ?

— Se sentir heureux de la simple présence de cette personne.

Ce soir-là j'ai eu envie de dire que cette personne, c'était toi.

Un regard suffit
À provoquer l'embrasement
Et entraîner ainsi
Ce désir puissant

Sans même la toucher
Il déclenche l'enivrement
Elle ne peut réprimer
Cet envoûtement

Puis avidement
Son souffle chaud
Ses délicats mouvements
Effleurant sa peau

Il aborde lentement
Son corps frémissant
Sous l'envie ardente
De cette passion brûlante.

Le plus simple des moments en devient passionnant
Et chaque seconde est vécue plus intensément
Souhaitant que l'instant dure éternellement
En sa présence plus rien ne compte réellement

Malgré son jeune âge elle admet pertinemment
Qu'aucun homme ne provoquera ce sentiment
Aussi brûlant, tellement fort et si envoûtant
Que cette ardente passion qui l'anime à présent

En un seul regard vers elle il peut engendrer
De puissants battements de cœur si passionnés
Comme une douce aura émanant autour de lui
Il attise avec frénésie son être épris.

Comment sa simple présence peut à ce point,
Rendre le plus banal des moments incroyable ?
Bordel comment sa simple présence peut à ce point,
Provoquer des sensations inimaginables ?

Il est certain que l'amour ne s'explique pas
Nous tombons amoureux sans savoir pourquoi
Devenant dépendant inexplicablement
Rendant ce sentiment tellement fascinant

Elle éprouve tout de même un regret
Souvent elle ne s'est pas laissé aller
En calculant le moindre mouvement
Ne se sentant pas elle-même par moments

Au fond il ne la connaît pas vraiment
Mais à quoi est dû ce désagrément ?
C'est l'envie de plaire par-dessus tout
Sans contrôler ce rôle qu'elle joue

En se faisant une certaine image
De celle qui pour lui serait spéciale
Souhaitant ressembler à ce mirage
Rêvant de devenir son idéal.

C’est une journée sans perles salées
Et elle sait que plus les jours vont passer
Sa peine va peu à peu s’apaiser
Un certain jour il fuira ses pensées.

Nous pouvons décider de faire un pas
Si notre corps en a la capacité
Mais les songes ne se répriment pas
Malgré toute la volonté

Elle doit occuper son esprit
Capturer ses pensées
Les contrôler, les effacer
Mais elle n'a pas encore appris

Chaque jour est une avancée
Un pas vers cette liberté
La délivrance est à sa portée
Les maux, bientôt oubliés.

Mon corps se souviendra
De ta chaleur,

Et dans mon esprit
Restera gravé ton nom.

Il y a une chose qu'elle a comprise
Certes elle éprouve de l'amour pour lui
Mais avant tout elle est attachée
À la personne qu'il est

Donc rien ne sert de lutter
Contre cette perpétuelle pensée
Car il fera toujours partie de sa vie
Maintenant c'est un ami

Elle a essayé, véritablement
De l'effacer ? Non, elle ment
Elle voulait juste être libre
Mais elle craquait une fois ivre.

Tu ne traverses que rarement mes pensées
Quand je suis très occupée
Mais parfois
Tu prends le dessus
Et je replonge
Je me noie dans les souvenirs
Qui sont merveilleux à mes yeux
Cette vague me submerge
Il suffit d'un moment de faiblesse
Un instant de fatigue
L'alcool
Une noyade que personne ne peut m'éviter.

Au bout de plusieurs mois
J'ai fini par comprendre pourquoi
Je ne parvenais pas
À me détacher de toi

Au fond je n'avais pas l'envie
Pas véritablement décidé
De t'écarter de ma vie
Mais j'y suis arrivée.

Elle pourra continuer à affirmer
Le dire autant qu'elle peut
Avouer que c'est du passé
Elle n'a pas fait ses adieux

On le voit dans ses yeux
Les paroles à son sujet
Animent toujours ce feu
Qui ne s'éteindra jamais.

Ces mélodies résonnent
Et soudain tu es là.

Lorsque tu as changé de continent
Crois-moi j'ai pensé sincèrement
Que dans le futur plus jamais
Nos chemins ne se recroiseraient

Mais même plusieurs mois après
Tu étais toujours dans mes pensées
Et quand j'ai commencé à aller de l'avant
Tu es revenu en m'empoisonnant

Hélas je n'ai pu résister
Malgré tout je ne regrette aucun instant
J'ai vécu un merveilleux été
Le meilleur de tous à présent

Tu savais pertinemment
Que j'étais si éprise de toi
Cela n'a pas freiné pour autant
Tes pulsions envers moi.

Parfois tu traverses mes pensées
Alcoolisée je m'effondrais
Beaucoup de larmes j'ai versé
Lors de nombreuses soirées
Où mes amis m'ont consolée

Il y a certaines choses que je ne t'ai jamais dites

J'aimais t'entendre lire
Écouter ta voix profonde
J'aimais nos discussions
Ton rire
Converser avec toi
Me confier
M'amuser avec tes boucles noires
J'aimais la façon dont tu passais ton bras
Autour de ma taille
Ton regard charmeur qui m'enflammait
Ta main chaude sur ma cuisse
Ton souffle sur mon cou
Les nuits suaves au creux de tes bras.

Tu n'imagines pas à quel point
J'ai pu me sentir amoureuse
Un amour passionné
Ardent

Mais destructeur
Et c'est un euphémisme
T'imagines pas toutes les larmes
Toutes ces perles salées
Que j'ai versées
Et que mes amis ont essuyées.

Aujourd'hui je peux enfin dire
Que la page est tournée
Mais je reste attachée aux souvenirs
Impossible de le nier.

Elle ne l’a pas oublié
Elle s’est juste habituée.

Je te souhaite de trouver la personne
Qui fera vaciller ton cœur
Tout comme tu as fait vaciller le mien.

Parfois il m'arrive de penser à toi
J'espère que tout va pour le mieux
Je le souhaite au fond de moi
Que cette fille te rende heureux.

Le tournesol

En cette douce saison
D'amour et de passion
C'est alors qu'il naît
S'élevant peu à peu en mai

C'est en juillet qu'il fleurit
Ne donnant point de fruit
Se nourrissant du soleil
Procurant bonheur aux abeilles

En août il rayonne
Fort et plein de vie
Chaleur ardente il affectionne
Excitant ses pétales jaunis

Mais arrive ensuite la fin
S'assombrissant brutalement
En septembre ce défunt
Incline la tête calmement.

Imprimé en Allemagne
Achevé d'imprimer en juillet 2023
Dépôt légal : juillet 2023

Pour

Le Lys Bleu Éditions
40, rue du Louvre
75001 Paris

www.ingramcontent.com/pod-product-compliance
Lightning Source LLC
LaVergne TN
LVHW050317160826
845677LV00014B/3434

* 9 7 9 1 0 4 2 2 0 2 7 9 8 *